풀수록 똑똑해지는 속담 퀴즈 백과 100

신기한 생각 연구소 지음 | 은옥 그림

바이킹

머리말

안녕, 친구들~!

속담을 좋아하나요? 좋아한다면 얼마나 많이 알고 있나요? 속담은 옛날부터 지금까지 쭉 전해 내려오고 있는 지혜가 담긴 한 문장이에요. 속담은 주변의 사물이나 음식, 동물에 비유해 다양한 표현을 만들어 내요. 속담을 공부하면 여러 가지 비유와 상징을 익힐 수 있고, 속담 속 어휘의 유래와 뜻을 살펴보면서 어휘력이 저절로 늘어나요.

속담은 과거의 생활 모습과 문화가 담겨 있고, 우리 선조들의 지혜와 교훈이 녹아들어 있어요. 자, 흥미진진한 속담 100문제에 도전해 보세요! 어휘력은 물론 생각하는 힘도 자랄 거예요.
풀수록 똑똑해지는 속담 퀴즈 속으로 떠나요!

문제

문제를 차근차근 읽고 정답을 맞혀 보세요. 문제 페이지를 넘기면 정답이 있습니다. 헷갈리는 문제가 나오면 다른 문제를 먼저 풀어도 좋아요. 행운을 빌어요!

보기 퀴즈

빈칸에 들어갈 알맞은 말은 무엇일까요?

**사촌이 땅을 사면
☐가 아프다**

아래의 그림과 초성 힌트를 보고 속담을 완성해 보세요!

원수는 ㅇㄴㅁㄷㄹ 에서 만난다

> **힌트**
> 나무 한 개를 길게 놓아 만든 다리예요.

  배

'친척이 땅을 사면 배가 아프다.'는 남이 땅을 사면 샘이 나고 약이 올라서 배가 아프다는 것을 뜻해요. 사촌처럼 가깝거나 친한 사람이라도 잘되는 것을 기뻐해 주지 않고 오히려 질투하고 시기할 때 사용하는 말이랍니다.

외나무다리

만약 사이가 좋지 않은 사람을 외나무다리에서 만나면 어떻게 될까요? 한쪽이 양보하고 돌아가야만 다리를 건널 수 있을 거예요. '원수는 외나무다리에서 만난다.'는 싫어하는 사람을 하필이면 피할 수 없는 곳에서 우연히 만나게 됐을 때 사용해요.

뜻이 비슷한 속담

- 외나무다리에서 만날 날이 있다.

'김칫국 먹고 수염 쓴다.'는 해 줄 사람은 생각지도 않는데 미리부터 다 된 일로 알고 행동한다는 의미예요.

초성 퀴즈

아래의 그림과 초성 힌트를 보고 속담을 완성해 보세요!

ㄱㅈ는 게 편

힌트
게와 같은 갑각류이며 딱딱한 등딱지와 집게발이 있어요.

정답 3 ✗

'김칫국 먹고 수염 쓴다.'는 시시한 일을 해 놓고 마치 대단한 일을 한 것처럼 으스대거나 잘난 체한다는 뜻이에요.

뜻이 비슷한 속담

- 냉수 먹고 갈비 트림 한다.
- 미꾸라짓국 먹고 용트림한다.

해 줄 사람은 생각도 안 하고 있는데, 미리 다 된 일로 알고 행동할 때는 '떡 줄 사람은 꿈도 안 꾸는데 김칫국부터 마신다.'라고 하지요!

 **가재**

가재와 게는 생태적 특징이 비슷해요. 둘 다 갑각류에 속하며 껍질이 단단하고 집게발을 가지고 있어요. 또한 바다에서 서식하고, 집게발을 사용해 먹이를 잡아먹고 적을 물리치지요. 이처럼 '가재는 게 편'이라는 속담은 가재와 게는 비슷한 점이 많기 때문에 무슨 일이 생기면 서로 편을 들어준다는 뜻이에요. 즉 모습이나 형편이 비슷한 사람끼리 서로 돕거나 편을 들어줄 때 사용하는 말이에요.

선택 퀴즈

다음 중 '내가 가진 것보다 남이 가진 것이 더 좋아 보인다.'라는 뜻을 가진 속담을 하나 고르세요.

1. 그림의 떡

2. 남의 손의 떡은 커 보인다

3. 보기 좋은 떡이 먹기도 좋다

다음 이모티콘은 어떤 속담을 나타내는 걸까요?

① **무쇠도 갈면 바늘 된다**

② **도둑이 제 발 저리다**

③ **바늘 도둑이 소도둑 된다**

2. 남의 손의 떡은 커 보인다

여러분도 맛있는 음식을 나누어 먹을 때 친구나 다른 사람의 것이 내 것보다 더 커 보였던 적이 있었나요? 분명 친구랑 똑같은 물건인데 친구가 가진 것이 더 좋아 보이기도 하고, 동생이랑 같은 간식을 먹어도 동생의 간식이 좀 더 맛있어 보일 때가 있어요. 이렇게 남이 가진 것이 내가 가진 것보다 더 크고 좋아 보일 때 '남의 손의 떡은 커 보인다.'라고 표현해요.

바늘 도둑이 소도둑 된다

처음에는 바늘같이 작은 물건을 조마조마하게 훔쳤던 도둑도 시간이 지나면 대범해져서 크고 비싼 물건을 훔치게 돼요. 이 속담은 작은 것이라도 나쁜 짓을 자꾸 하게 되면 결국에는 큰 잘못을 저지르게 된다는 뜻이에요. 그러니 어릴 때의 안 좋은 버릇이나 행동을 고치려고 노력해야 해요. 나중에는 더 나쁜 버릇이 될 테니까요!

빈칸에 들어갈 알맞은 말은 무엇일까요?

천 리 길도 □□□부터

① 한 걸음 ② 두 걸음
③ 세 걸음

빈칸에 들어갈 동물은 무엇일까요?

☐구멍에도 볕 들 날이 있다

낮말은 새가 듣고 밤말은 ☐가 듣는다

풀 방구리에 ☐ 드나들듯

① 개 ② 쥐 ③ 소

  한 걸음

'천 리'는 400킬로미터 정도의 거리예요. 서울에서 부산까지 가는 거리의 조금 못 미치는 정도지요. '천 리 길도 한 걸음부터'는 머나먼 천 리 길을 가기 위해서는 처음 한 걸음이 중요하다는 의미예요. 무슨 일이든 일단 그 일을 시작하는 것이 가장 중요하다는 뜻이랍니다.

뜻이 비슷한 속담

- **시작이 반이다.**

 쥐

빈칸에 들어가는 동물은 쥐예요. 쥐는 우리나라에서 아주 흔한 동물이라서 여러 속담에 자주 등장해요.

'쥐구멍에도 볕 들 날이 있다.'는 어두컴컴한 쥐구멍에도 쨍한 햇빛이 들어올 때가 있듯이, 지금 당장은 힘들어도 언젠가는 좋은 일이 생긴다는 말이에요.

'낮말은 새가 듣고 밤말은 쥐가 듣는다.'는 새와 쥐도 우리가 하는 말을 듣고 옮길 수 있으니 항상 말조심해야 한다는 뜻이에요.

'풀 방구리에 쥐 드나들듯'은 풀이 담긴 그릇에 풀을 먹으려고 쥐가 부지런히 드나든다는 뜻이에요. 어딘가를 매우 자주 드나드는 모양을 비유해요.

아래의 그림과 초성 힌트를 보고 속담을 완성해 보세요!

자라 보고 놀란 가슴
ㅅㄸㄲ 보고 놀란다

힌트

솥을 덮는 뚜껑이에요.

보기 퀴즈

빈칸에 들어갈 알맞은 말은 무엇일까요?

구르는 돌에는 □□가 끼지 않는다

① 먼지 ② 이끼 ③ 벌레

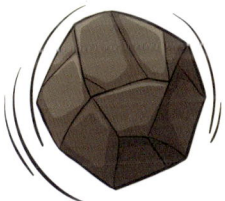

# 솥뚜껑

어떤 일에 크게 놀라거나 겁을 먹으면 비슷한 일만 생겨도 바로 겁을 먹고 몸을 사리게 돼요. 예를 들어, 한번 자라에게 물린 사람은 자라의 등딱지와 비슷하게 생긴 솥뚜껑만 봐도 지레 겁을 먹을 거예요. 이때 '자라 보고 놀란 가슴 솥뚜껑 보고 놀란다.'고 해요.

뜻이 비슷한 속담

- 더위 먹은 소는 달만 보아도 헐떡인다.
- 서울이 무섭다니까 남태령부터 간다.

 **이끼**

'이끼'는 고목이나 바위, 습지에서 자라는 식물이에요. 그런데 돌이 계속 구르면 이끼가 낄 틈이 없겠지요? '구르는 돌에는 이끼가 끼지 않는다.'는 목표를 향해 부지런히 노력하면 침체되지 않고 계속 발전한다는 뜻이에요.

연상 퀴즈

아래 그림은 무슨 속담을 나타낼까요?

_____

문제 12

선택 퀴즈

다음 중 '아주 하기 쉬운 일'을 뜻하는 속담이 아닌 것을 하나 고르세요.

1. 누워서 떡 먹기

2. 땅 짚고 헤엄치기

3. 약방에 감초

4. 식은 죽 먹기

개천에서 용난다

'개천'은 골짜기에 흐르는 작은 물줄기예요. 작은 물줄기에서 용이 나다니 대단한 일이지요? 이렇듯 어려운 환경이나 집안에서 훌륭한 인물이 나올 때 '개천에서 용난다.'라고 말해요.

뜻이 비슷한 속담

- 개똥밭에 인물 난다.
- 누더기 속에서 영웅 난다.
- 뱁새가 수리를 낳는다.

정답 12

3. 약방에 감초

정답은 '약방에 감초'예요. 감초가 무엇인지 알고 있나요? '감초'는 콩과의 여러해살이풀로 뿌리가 달고 맛있어요. 그래서 한약방에서는 쓴 약을 만들 때 조금이라도 덜 쓰게 하려고 감초를 넣어요. 감초는 거의 모든 약에 빠지지 않고 들어가지요. 이처럼 어떤 일에 빠지지 않고 꼭 끼어드는 사람이나 사물을 두고 '약방에 감초' 같다고 해요.

'수박은 속을 봐야 알고 사람은 지내봐야 안다.'는 사람의 마음은 겉으로 언뜻 보아서는 알 수 없으며 함께 오랫동안 지내보아야 알 수 있음을 의미해요.

아래의 그림과 초성 힌트를 보고 속담을 완성해 보세요!

물에 빠지면 ㅈㅍㄹㄱ 라도 잡는다

> **힌트**
> 짚의 부스러기를 의미해요.

정답 13 O

수박이 잘 익었는지 아닌지를 알려면 잘라서 속을 봐야 해요. 이처럼 '수박은 속을 봐야 알고 사람은 지내봐야 안다.'는 사람의 마음도 겉으로 보아서는 알 수 없고 함께 오랫동안 지내보아야 알 수 있음을 뜻하는 속담이에요.

뜻이 비슷한 속담

- **사람은 지내봐야 안다.**
- **천 길 물속은 건너 보아야 알고 한 길 사람 속은 지내보아야 안다.**

지푸라기

만약 여러분이 물에 빠졌다면 어떻게든 살아야겠다는 생각밖에 안 들 거예요! 그러니 손에 잡히는 대로 아무거나 붙잡겠지요. '물에 빠지면 지푸라기라도 잡는다.'라는 말은 위급한 상황에 처하면 무엇이든 닥치는 대로 붙잡고 의지하게 된다는 의미예요.

6년 전 사업에 실패하셨다고 들었는데, 어떻게 이렇게 굳건한 기업으로 다시 성장할 수 있었나요?

처음에는 눈앞이 캄캄했죠. 하지만 물에 빠지면 지푸라기라도 잡는다고 아침부터 새벽까지 쉴 새 없이 일했습니다.

보기 퀴즈

빈칸에 들어갈 알맞은 말은 무엇일까요?

귀가 ☐☐☐만 하다

① 항아리
② 두레박
③ 가마솥

빈칸에 들어갈 동물은 무엇일까요?

☐☐☐도 나무에서 떨어진다

☐☐☐ 밥 짓듯 한다

☐☐☐ 이 잡아먹듯

① **다람쥐**
② **원숭이**
③ **부엉이**

정답 15 ① 항아리

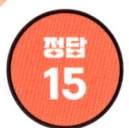

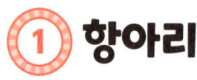

귀가 항아리만 하면 세상의 모든 소리를 정말 잘 들을 수 있겠죠? '귀가 항아리만 하다.'는 남이 말하는 것을 그대로 다 믿거나 잘 받아들이는 모양을 비유적으로 이르는 속담이에요.

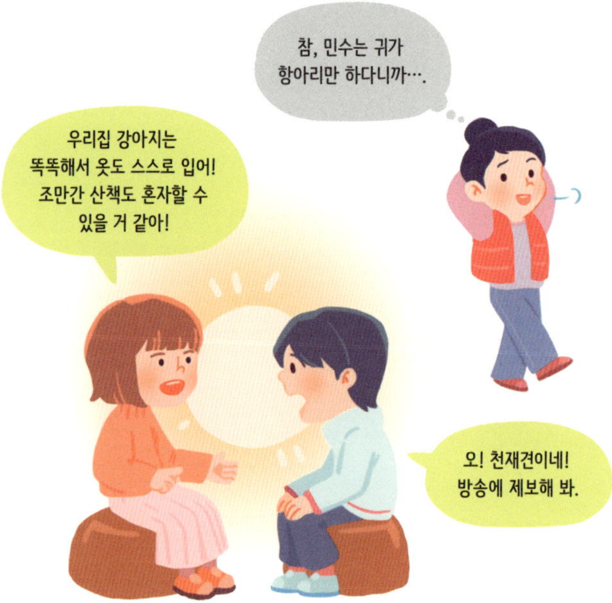
참, 민수는 귀가 항아리만 하다니까….
우리집 강아지는 똑똑해서 옷도 스스로 입어! 조만간 산책도 혼자할 수 있을 거 같아!
오! 천재견이네! 방송에 제보해 봐.

정답 16 ② 원숭이

빈칸에 들어가는 동물은 원숭이예요! '원숭이도 나무에 떨어진다.'는 아무리 익숙하고 잘하는 일도 가끔 실수할 때가 있다는 뜻이에요. 여러분도 자신만만했다가 실수했던 적이 있나요? 잘하는 일이라도 가끔은 예상치 못하게 실수할 수 있어요. 그래서 자만하지 않고 꾸준히 노력하는 자세가 필요하지요!

뜻이 비슷한 속담

- 닭도 홰에서 떨어지는 날이 있다.

'원숭이 밥 짓듯 한다.'는 조심성 없고 경솔한 행동을 하는 모양을 빗대어 표현하는 말이에요.

'원숭이 이 잡아먹듯'은 무언가를 샅샅이 뒤적거리는 모양을 비유하기도 하고, 어떤 일을 하는 척만 하고 실제로는 아무 것도 하지 않는 경우를 뜻해요.

다음 이모티콘은 어떤 속담을 나타내는 걸까요?

① 콩 심은 데 콩 나고
　팥 심은 데 팥 난다
② 콩도 닷 말 팥도 닷 말
③ 콩 심어라 팥 심어라 한다

아래의 그림과 초성 힌트를 보고 속담을 완성해 보세요!

꾸어다 놓은 ㅂㄹㅈㄹ

힌트
보리를 넣은 자루예요.

# 콩 심은 데 콩 나고 팥 심은 데 팥 난다

'콩 심은 데 콩 나고 팥 심은 데 팥 난다.'는 모든 일에는 원인에 따라 그에 맞는 결과가 나타난다는 뜻이에요. 예를 들어, 우리의 생김새와 성격이 부모님을 닮은 것도 같은 맥락이지요.

'콩도 닷 말 팥도 닷 말'에서 '말'은 곡식 등 부피를 재는 단위로, 닷 말은 다섯 말을 뜻해요. 이 속담은 어떤 것을 치우침 없이 공평하게 골고루 나누는 경우를 이르는 말이에요.

'콩 심어라 팥 심어라 한다.'는 대수롭지 않은 일을 가지고 지나치게 시비를 가려 간섭한다는 뜻이에요.

보릿자루

정답 18

여럿이 모여 이야기하거나 놀 때, 잘 어울리지 못하고 혼자 조용히 있는 사람이 종종 있지요. 이 속담은 여러 사람이 모여 웃고 이야기 하는 자리에서 말도 하지 않고 혼자 가만히 있는 사람을 두고 하는 말이에요.

뜻이 비슷한 속담

- 꾸어다 놓은 빗자루
- 전당 잡은 촛대

선택 퀴즈

다음 중 '한 가지 일로 두 가지 이익을 본다.'는 뜻을 가진 속담을 하나 고르세요.

1. 꿩 먹고 알 먹기

2. 미운 아이 떡 하나 더 준다

3. 꿩 대신 닭

빈칸에 들어갈 알맞은 말은 무엇일까요?

공든 □이 무너지랴

① 성 ② 땅 ③ 탑

1. 꿩 먹고 알 먹기

'꿩'은 닭과 비슷한 크기지만, 몸에 검은 점이 많고 꼬리가 긴 새예요. 알을 품고 있는 꿩을 잡으면 꿩도 잡고 알도 얻을 수 있지요. 이처럼 한 가지 일을 하여 두 가지 이상의 이익을 볼 때 '꿩 먹고 알 먹기'라고 해요.

뜻이 비슷한 속담

- **도랑 치고 가재 잡는다.**
- **누이 좋고 매부 좋다.**

'미운 아이 떡 하나 더 준다.'는 미운 사람일수록 잘 해 주어 서로 나쁜 감정을 쌓지 않아야 한다는 뜻이에요.

'꿩 대신 닭'은 말 그대로 꿩이 필요한데 없어서 닭으로 대신했다는 의미예요. 적당한 물건이 없을 때 그보다는 못하지만 비슷한 것으로 대신한다는 뜻이지요.

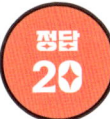

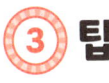

정답 20 ③ 탑

공들여 쌓은 탑은 대충 쌓은 탑과 달리 튼튼하고 견고해서 쉽게 무너지지 않아요! 이처럼 정성을 다하면 반드시 좋은 결과를 얻을 수 있다는 것을 '공든 탑이 무너지랴.'라는 속담으로 표현해요.

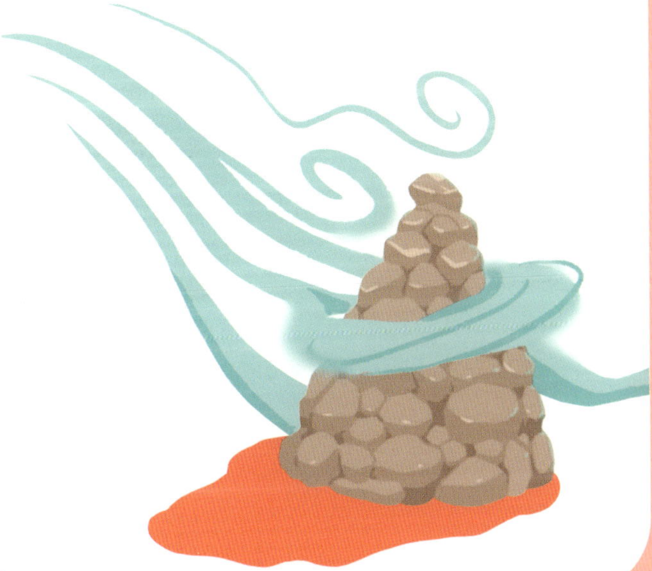

아래 그림은 무슨 속담을 나타낼까요?

_____

선택 퀴즈

다음 중 '기대했던 것에 비해 실속이 없거나 기대에 미치지 못함'을 뜻하는 속담을 하나 고르세요.

1. 소문난 잔치에 먹을 것 없다

2. 남의 잔치 상에 찬물을 끼얹는다

3. 금강산 구경도 식후경이라

빈 수레가 요란하다

아무것도 담긴 것이 없는 빈 수레가 덜컹거리며 요란한 소리를 내듯이 별 볼 일 없는 사람이 잘난 체를 하며 떠들어 댈 때 '빈 수레가 요란하다.'라고 해요!

정답 22

1. 소문난 잔치에 먹을 것 없다

큰 기대를 하고 잔치에 갔는데 내놓은 음식이 조촐하다면 실망스럽겠지요? 이렇듯 기대했던 것에 비해 실속이 없거나 기대에 미치지 못할 때 '소문난 잔치에 먹을 것 없다.'라고 해요.

뜻이 비슷한 속담

- 이름난 잔치 배고프다.
- 소문난 잔치 비지떡이 두레 반이라.

'남의 잔치 상에 찬물을 끼얹는다.'는 남의 좋은 일에 심술궂게 방해하는 것을 이르는 말이에요.
'금강산도 식후경이라.'는 말 그대로 아무리 경치가 아름다운 산일지라도 배가 불러야 제대로 감상할 수 있다는 의미예요. 배가 고픈 상태에서는 아무 일도 할 수 없다는 뜻이지요.

OX 퀴즈

'가랑비에 옷 젖는 줄 모른다.'는 어려운 일을 겪고 나면 더욱 강해진다는 뜻이에요.

빈칸에 들어갈 동물은 무엇일까요?

- ☐ 잃고 외양간 고친다
- ☐ 뒷걸음질 치다 쥐잡기
- ☐ 도 언덕이 있어야 비빈다

① 말 ② 뱀 ③ 소

정답 23

가랑비는 정말 가늘게 내려요. 그래서 우산 없이 비를 맞게 되면 옷이 젖는 줄도 몰라요. 하지만 시간이 지나면 큰 비를 맞은 것처럼 옷이 흠뻑 젖지요. '가랑비에 옷 젖는 줄 모른다.'는 아무리 사소한 것이라도 그것이 반복되면 큰일이 될 수 있다는 뜻이랍니다.

뜻이 비슷한 속담

- 마른나무에 좀 먹듯이
- 어린애 매도 많이 맞으면 아프다.
- 큰 둑도 개미구멍으로 무너진다.

어려운 일을 겪고 나면 더욱 강해진다는 뜻을 가진 속담은 '비 온 뒤에 땅이 굳어진다.'입니다.

  소

빈칸에 들어가는 동물은 소예요. 소는 아주 오래전부터 우리 민족과 함께 살아온 만큼 관련된 속담이 무수히 많아요. 그럼 소와 관련된 속담을 살펴볼까요?

'소 잃고 외양간 고친다.'는 말 그대로 소를 도둑맞은 다음에서야 외양간을 고친다는 의미예요. 일이 이미 잘못된 뒤에 손을 써 봤자 아무 소용이 없음을 뜻해요.

'소 뒷걸음질 치다 쥐잡기'는 소가 뒷걸음질을 치다 우연히 쥐를 잡게 된 것처럼, 우연히 좋은 기회가 생기거나 행운을 얻게 된다는 의미예요.

마지막으로 '소도 언덕이 있어야 비빈다.'는 의지할 곳이 있어야 무슨 일이든 이룰 수 있다는 뜻이에요.

아래의 그림과 초성 힌트를 보고 속담을 완성해 보세요!

얌전한 고양이 ㅂ ㄸ ㅁ 에 먼저 올라간다

힌트

솥이나 냄비 등을 올려 놓을 수 있도록 아궁이 위에 흙과 돌을 쌓아 만든 턱이에요.

다음 이모티콘은 어떤 속담을 나타내는 걸까요?

① 오뉴월 감기는 개도 안 걸린다
② 감기 고뿔도 남을 안 준다
③ 오뉴월 손님은 호랑이보다 무섭다

부뚜막

'부뚜막'은 솥이나 냄비 등을 올려 두고, 음식을 준비하는 곳이에요. 당연히 집에서 기르는 개나 고양이 같은 동물은 절대 올라가면 안 되는 곳이지요. 이 속담은 평소에는 얌전했던 고양이가 냉큼 부뚜막에 올라가 음식을 탐내듯, 점잖은 사람이 의외의 일을 저지르거나 당돌한 행동을 한다는 뜻이에요!

오뉴월 감기는 개도 안 걸린다

'오뉴월'은 무더운 여름이에요. 더운 여름에는 밖에서 지내는 개도 감기에 안 걸리지요. 그래서 이 무렵 감기 앓는 사람을 놀릴 때 '오뉴월 감기는 개도 안 걸린다.'고 해요.

그런데 정말 여름에는 감기에 잘 안 걸릴까요? 감기는 체온이 낮아질 때 잘 걸리지만, 공기가 건조해도 걸리기 쉬워요. 특히 여름에는 에어컨 등 냉방 시설로 공기가 쉽게 건조해지기 때문에 조심해야 해요.

빈칸에 들어갈 알맞은 말은 무엇일까요?

□□ 겉 핥기

① 멜론 ② 수박 ③ 사과

제시된 속담의 빈칸에 들어갈 알맞은 동물을 선으로 이어 보세요.

☐☐☐에게 물려 가도 정신만 차리면 산다.

까마귀

☐☐☐☐ 한 마리가 온 웅덩이를 흐린다.

미꾸라지

☐☐☐ 날자 배 떨어진다.

호랑이

  **수박**

'수박 겉 핥기'는 말 그대로 수박의 딱딱한 겉면만 핥고 있다는 뜻이에요. 진짜 수박의 맛을 알려면 수박을 쪼개서 먹어 봐야 알겠지요? 이 속담은 어떤 일이든 꼼꼼히 살펴보고 자세히 들여다보는 자세가 중요함을 의미해요.

뜻이 비슷한 속담

- 꿀단지 겉 핥기
- 개 머루 먹듯

> 수박 겉 핥기 식으로 공부했더니…
> 하나도 모르겠네.

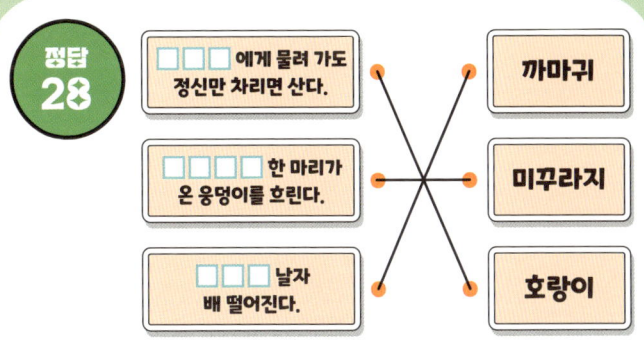

'호랑이에게 물려 가도 정신만 차리면 산다.'는 위급한 상황에서도 당황하지 않고 침착하게 행동하면 위기를 벗어날 수 있다는 뜻이에요.

미꾸라지는 늪이나 논의 진흙 바닥에서 살아요. 미꾸라지가 온몸을 좌우로 흔들며 헤엄치면 바닥에 있는 진흙이 일어나 물이 온통 흐려져요. 이처럼 잘못된 행동을 하는 한 사람으로 전체가 피해를 볼 때 '미꾸라지 한 마리가 온 웅덩이를 흐린다.'라고 말해요.

'까마귀 날자 배 떨어진다.'는 아무 관계 없는 일이 우연히 동시에 일어나 어떤 관계가 있는 것처럼 억울하게 의심받게 된다는 말이에요.

'찬물도 위아래가 있다.'는 어른의 행동이 아이에게 큰 영향을 주는 만큼 아이 앞에서는 말과 행동을 바르게 해야 한다는 의미예요.

빈칸에 들어갈 알맞은 말은 무엇일까요?

갈치가 □□ 꼬리 문다

① 넙치 ② 멸치 ③ 갈치

 ✗

'찬물도 위아래가 있다.'는 물 한 잔을 마시더라도 어른부터 차례대로 대접해야 한다는 말이에요. 어떤 일이든 정해진 순서가 있으니 차례를 지켜야 한다는 의미지요.

어른의 행동이 아이들에게 큰 영향을 주는 만큼 아이 앞에서는 말과 행동을 바르게 해야 한다는 의미를 가진 속담은 '윗물이 맑아야 아랫물이 맑다.'입니다.

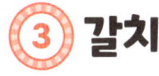

정답 30

③ 갈치

정답은 갈치예요! 사실 갈치는 한 성격 하는 물고기예요. 배가 고프면 날카로운 이빨로 자신의 꼬리를 먹기도 하고, 심지어 다른 갈치를 뜯어 먹기도 해요. 이러한 갈치의 특성 때문에 '갈치가 갈치 꼬리 문다.'라는 속담이 나온 거예요! 이 속담은 친한 사이에 서로 싸우거나 해칠 때 사용해요.

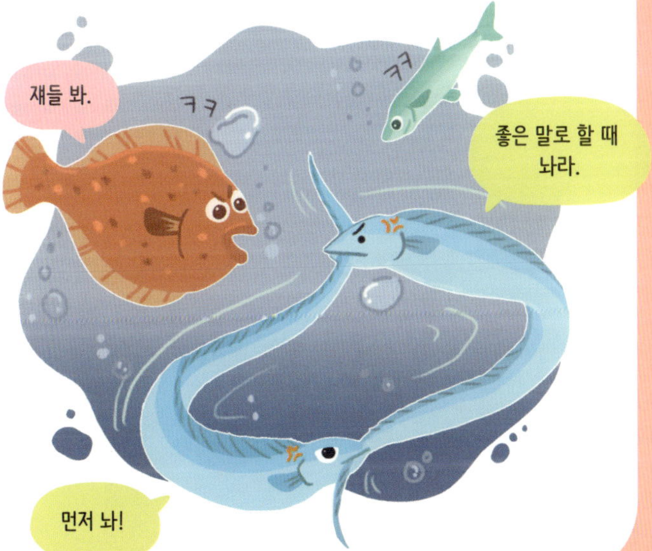

다음 이모티콘은 어떤 속담을 나타내는 걸까요?

① 하늘이 무너져도 솟아날 구멍이 있다
② 뛰는 놈 위에 나는 놈 있다
③ 가다 말면 안 가는 것만 못하다

빈칸에 들어갈 알맞은 말은 무엇일까요?

☐☐☐☐도 마주 서야 연다

① 버드나무
② 벚꽃나무
③ 은행나무

 **뛰는 놈 위에 나는 놈 있다**

달리기 왕 치타가 땅 위에서 아무리 빨라도 독수리를 따라잡을 수는 없을 거예요. 이 속담은 아무리 재주가 뛰어나다 하더라도 그보다 더 뛰어난 사람이 있으니 겸손할 줄 알아야 한다는 의미예요.

나보다 더 빠르다고..?

  은행나무

'은행나무도 마주 서야 연다.'는 말은 꽃가루받이와 관련이 있어요. 은행나무는 암수가 따로 있는 나무로 바람에 의해 꽃가루받이를 해요. 이때 수나무의 꽃가루가 암나무에게 옮겨 가는데, 은행나무가 서로 마주 보고 있어야 꽃가루받이가 일어날 확률이 높고, 열매를 맺을 수 있어요. 이렇듯 사람도 마주 보고 대해야 인연이 더 깊어짐을 의미하는 속담이에요.

아래의 그림과 초성 힌트를 보고 속담을 완성해 보세요!

작은 ㄱㅊ 가 더 맵다

힌트

매운 음식을 만들 때 많이 사용하는 채소예요.

다음 중 가을과 관련된 속담이 아닌 것을 하나 고르세요.

1. 가을비는 빗자루로도 피한다

2. 처서가 지나면 모기 입이 삐뚤어진다

3. 겨울이 지나지 않고 봄이 오랴

고추

 정답은 고추예요! 청양고추를 먹어 본 적이 있나요? 고추 중에서도 크기가 작은 청양고추는 풋고추나 오이고추보다 매운맛이 훨씬 강해요. 그래서 '작은 고추가 더 맵다.'라는 속담이 나온 거예요.

 몸집이 왜소하고 키가 작더라도 재주가 뛰어나 일을 야무지게 해내는 사람들이 있어요. 이처럼 겉보기에는 작은 사람이 큰 사람보다 행동이 빠르고 재주가 뛰어날 때 이 속담을 사용해요. 그러니 겉모습만으로 사람을 판단해서는 안 되겠지요?

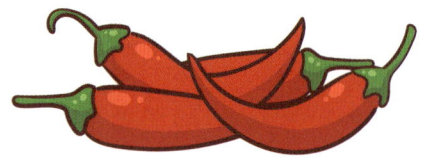

3. 겨울이 지나지 않고 봄이 오랴

'겨울이 지나지 않고 봄이 오랴.'는 겨울이 지나야 따뜻한 봄이 온다는 의미로 가을과는 관련이 없어요. 무슨 일이든 일정한 순서가 있으므로 급하다고 억지로 할 수 없음을 나타내는 속담이지요.

자, 그럼 가을과 관련된 속담을 알아볼까요? '가을비는 빗자루로도 피한다.'는 가을에 내리는 비는 여름에 내리는 비보다 양이 적기 때문에 빗자루로 가려도 비에 젖지 않는다는 의미예요.

'처서가 지나면 모기 입이 삐뚤어진다.'에서 '처서'는 언제일까요? 처서는 24절기 중 14번째 절기로 양력 8월 23일 무렵이에요. 처서가 지나면 날씨가 선선해지면서 무더위가 한풀 꺾이지요. 이 속담은 여름철에 극성을 부리던 모기도 처서가 지나면 너무 추워서 입이 돌아간다는 의미를 담고 있어요!

'고슴도치도 제 새끼 함함하다고 한다.'는 누구에게나 친하게 지낼 친구가 있다는 뜻이에요.

'함함하다'는 털이 보드랍고 반지르르하다는 의미야.

동물 속담 퀴즈

빈칸에 들어갈 동물은 무엇일까요?

꿩 대신 ☐

☐ 쫓던 개 지붕 쳐다보듯

☐ 잡아먹고 오리 발 내놓기

① 닭　② 뱀　③ 양

 X

'고슴도치도 제 새끼 함함하다고 한다.'는 털이 뾰족뾰족한 고슴도치의 털도 어미 눈에는 제일 곱고 예쁘게 보인다는 뜻이에요. 부모님 눈에는 제 자식이 세상에서 가장 예뻐 보인다는 의미이지요.

'누구에게나 친하게 지낼 친구가 있기 마련이다.'라는 뜻을 가진 속담은 '고슴도치도 살 친구가 있다.'입니다.

① 닭

정답은 닭이에요. 속담을 하나하나 살펴볼까요?

'꿩 대신 닭'은 말 그대로 꿩이 필요한데 꿩이 없어서 닭으로 대신한다는 의미예요. 적당한 것이 없을 때 비슷한 것으로 대체하는 경우를 비유적으로 이르는 말이지요.

'닭 쫓던 개 지붕 쳐다보듯'을 읽으면 닭 쫓던 개가 닭이 지붕으로 올라가자, 쫓아가지 못하고 지붕만 쳐다보고 있는 장면이 떠오르지 않나요? 이 속담은 하려던 일이 실패로 돌아가거나 자신이 남보다 뒤떨어져 어찌할 도리가 없음을 의미해요.

'닭 잡아먹고 오리 발 내놓기'는 잘못된 일을 해놓고 엉뚱한 수작으로 상대를 속이려고 한다는 뜻이에요.

보기 퀴즈

빈칸에 들어갈 알맞은 말은 무엇일까요?

실도랑 모여 ☐☐☐이 된다

① 한탄강
② 대동강
③ 소양강

다음 이모티콘은 어떤 속담을 나타내는 걸까요?

① 곰의 발바닥도 죄가 있다
② 재주는 곰이 넘고 돈은 주인이 받는다
③ 굼벵이도 구르는 재주가 있다

  # 대동강

정답은 대동강이에요. 대동강은 북한의 평안남도에 있는 아주 큰 강이지요. '실도랑 모여 대동강이 된다.'에서 '실도랑'은 작고 좁은 개울을 말해요. 즉 이 속담은 아무리 작은 것이라도 조금씩 쌓이면 큰 것이 될 수 있음을 나타내요.

뜻이 비슷한 속담

- **티끌 모아 태산**
- **모래알도 모으면 산이 된다.**

정답 38 ② 재주는 곰이 넘고 돈은 주인이 받는다

열심히 재주를 부린 건 곰인데 아무것도 하지 않은 주인이 돈을 받네요! 고생한 곰이 정말 속상하겠지요. 이렇듯 '재주는 곰이 넘고 돈은 주인이 받는다.'는 고생하여 일한 사람은 따로 있지만, 그 일에 관한 이익은 다른 사람이 얻는다는 뜻이에요.

뜻이 비슷한 속담

- 남의 떡으로 조상 제 지낸다.
- 비는 하늘이 주고 절은 부처가 받는다.

OX 퀴즈

'울며 겨자 먹기'는 앞일은 생각해 보지도 않고 당장 좋은 것만 취하는 경우를 비유적으로 이르는 말이에요.

O X

아래의 그림과 초성 힌트를 보고 속담을 완성해 보세요!

어물전 망신은 ㄲㄸㄱ가 시킨다

'어물전'이란 생선이나 김, 미역 등 어물을 파는 가게야.

힌트
오징어와 비슷하게 생긴 연체동물이에요.

정답 39 X

겨자 소스나 겨자 양념은 코를 톡 쏘는 매운맛과 향이 특징이에요. '울며 겨자 먹기'는 울면서도 매운 겨자를 먹는다는 뜻으로 하기 싫은 일을 억지로 해야 할 때 쓰는 말이에요.

앞일은 생각해 보지도 않고 당장 좋은 것만 취하는 경우를 비유적으로 이르는 말은 '우선 먹기는 곶감이 달다.'입니다.

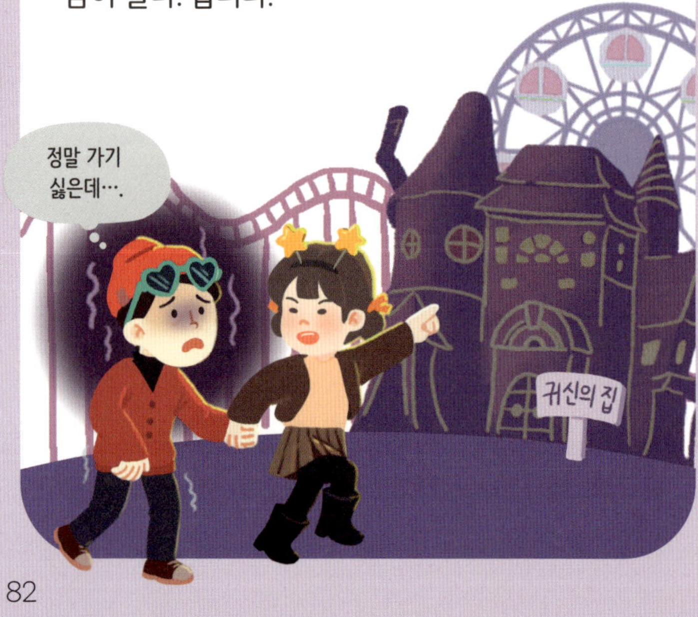

꼴뚜기

꼴뚜기는 오징어와 비슷하게 생겼지만 크기가 작고 못생겨서 가치가 낮아요. '어물전 망신은 꼴뚜기가 시킨다.'는 작고 못생긴 꼴뚜기가 어물전에 있는 다른 생선들의 품위를 떨어뜨린다는 데서 유래했어요. 못난 한 사람이 전체를 망신시킨다는 뜻을 나타내요.

뜻이 비슷한 속담

- 과물전 망신은 모과가 시킨다.

선택 퀴즈

다음 중 '서로 떨어질 수 없는 아주 가까운 사이'를 뜻하는 속담이 아닌 것을 하나 고르세요.

1. 바늘 가는 데 실 간다

2. 구름 갈 제 비가 간다

3. 바늘구멍으로 황소바람 들어온다

빈칸에 들어갈 알맞은 말은 무엇일까요?

시장이 □□이다

① 반찬 ② 밥상 ③ 선물

3. 바늘구멍으로 황소바람 들어온다

'바늘구멍으로 황소바람 들어온다.'는 추운 겨울철에는 문이나 벽에 난 작은 바늘만 한 구멍으로 엄청나게 찬 바람이 들어온다는 말이에요. 바늘구멍으로 들어오는 바람의 위력이 더 크게 느껴지는 것에는 과학적인 이유가 있어요!

스위스의 과학자 베르누이는 액체나 기체가 좁은 통로를 빠져나갈 때 속력이 빨라지고, 반대로 넓은 통로를 지날 때는 속력이 느려지는 것을 증명했어요. 바람의 속력이 빨라지면 바람은 강해져요. 그래서 활짝 열린 창으로 들어오는 바람보다 좁은 바늘구멍으로 들어오는 바람이 더 춥게 느껴지지요.

'바늘 가는 데 실 간다.', '구름 갈 제 비가 간다.' 두 속담 모두 사람 간의 밀접한 관계를 비유해요.

 **반찬**

'시장이 반찬이다.'라는 말은 배가 고프면 무엇이든 다 맛있다는 의미를 나타내요. 여기서 '시장'은 배가 고프다는 뜻의 '시장하다'예요!

뜻이 비슷한 속담

- 맛없는 음식도 배고프면 달게 먹는다.

아래 그림은 무슨 속담을 나타낼까요?

아래의 그림과 초성 힌트를 보고 속담을 완성해 보세요!

마른하늘에 ㄴㅂㄹ

힌트

느닷없이 치는 벼락이에요.

믿는 도끼에 발등 찍힌다

'도끼'는 나무를 찍거나 쪼갤 때 쓰는 도구예요. 옛날에는 도끼를 자주 사용했기 때문에 한번 손에 익숙해지면 다칠 걱정을 하지 않았어요. 하지만 늘 사용하는 도끼라도 자칫하면 도끼날이 빠져 사람에게 상처를 입힐 수도 있어요. 이 속담은 잘될 것이라고 생각했던 일이 실패로 돌아가거나, 굳게 믿은 사람에게 배신당했을 때 사용해요.

날벼락

벼락은 구름이 잔뜩 낀 날씨에 쳐요. 그런데 가끔 맑은 하늘에 벼락이 칠 때도 있어요. 이를 '마른하늘에 날벼락'이라고 하지요. 전혀 생각하지 못한 사고가 일어나거나 갑작스럽게 불행한 일이 닥치는 것을 두고 하는 말이랍니다.

뜻이 비슷한 고사성어

- 청천벽력(靑天霹靂)

이게 무슨 마른하늘에 날벼락이야!!

다음 이모티콘은 어떤 속담을 나타내는 걸까요?

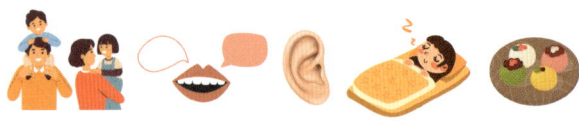

① 자식을 길러 봐야 부모 사랑을 안다
② 부모 말을 들으면 자다가도 떡이 생긴다
③ 부모가 착해야 효자가 난다

보기 퀴즈

빈칸에 들어갈 알맞은 말은 무엇일까요?

낫 놓고 □□자도 모른다

① 기역　② 니은　③ 디귿

② 부모 말을 들으면 자다가도 떡이 생긴다

부모님은 여러분보다 세상에 대한 경험과 지식이 훨씬 많아요. 또한 자기 자식을 제일 잘 알고 자식이 잘 되길 바라는 마음으로 좋은 말씀을 많이 하시지요. 이 속담은 부모님은 자식에게 도움이 되는 것만 생각하므로 부모 말을 잘 들으면 좋은 일이 생긴다는 의미예요. 그러니 앞으로도 부모님 말씀을 더 잘 들어야겠지요?

'자식을 길러 봐야 부모 사랑을 안다.'는 부모의 사랑은 끝을 알 수 없을 만큼 깊고 두터움을 뜻하는 속담이에요.

'부모가 착해야 효자가 난다.'는 말 그대로 부모가 착하면 자식도 그 모습을 보고 배워서 착한 사람이 된다는 의미예요.

  **기역**

낫은 곡식이나 풀을 베는 데 쓰는 농기구로 모양이 기역 자처럼 생겼어요. '낫 놓고 기역 자도 모른다.'라는 말은 낫을 보고도 기역 자가 어떻게 생겼는지 모른다고 할 정도로 아는 것이 없음을 의미해요. 즉 무식이 지나치다는 뜻이지요.

뜻이 비슷한 속담

- 가갸 뒤 자도 모른다.

'가랑잎이 솔잎더러 바스락거린다고 한다.'는 자기 실수는 모르고 남의 실수만 탓하는 것을 의미해요.

솔잎! 너 그만 좀 바스락거려!

자기가 더 바스락거리면서….

빈칸에 들어갈 동물은 무엇일까요?

☐☐☐한테 생선을 맡기다

☐☐☐ 목에 방울 달기

☐☐☐ 쥐 생각

① 강아지
② 원숭이
③ 고양이

정답 47 O

가랑잎은 넓고 마른 잎이에요. 솔잎은 바늘같이 가늘어서 말라도 바스락거리지 않아요. 당연히 가랑잎이 더 바스락거리는 소리가 나겠지요? 그런데 오히려 가랑잎이 솔잎더러 바스락댄다고 나무라는 거예요! 이렇게 자기의 부족함은 생각하지 않고 도리어 남의 부족함이나 실수만 탓할 때 '가랑잎이 솔잎더러 바스락거린다고 한다.'라고 해요.

뜻이 비슷한 속담

- 겨울바람이 봄바람보고 춥다 한다.

정답 48 ③ 고양이

정답은 고양이예요. 고양이에게 생선을 맡기면 어떤 일이 생길까요? 당연히 고양이가 생선을 다 먹어 치울 거예요! '고양이한테 생선을 맡기다.'는 믿지 못하는 사람에게 어떤 일이나 사물을 맡기고 마음이 불편해 걱정하는 것을 뜻해요.

'고양이 목에 방울 달기'는 어려운 일을 두고 실행하지는 않고 의논만 한다는 뜻이에요.

'고양이 쥐 생각'은 쥐를 걱정하는 척하면서 잡아먹으려는 고양이처럼 속으로는 해칠 마음을 품고 있으면서 겉으로는 생각해 주는 척한다는 의미랍니다.

초성 퀴즈

아래의 그림과 초성 힌트를 보고 속담을 완성해 보세요!

썩어도 ㅈㅊ

힌트

청어과에 속하는 바닷물고기로 맛이 좋아 가치가 높아요.

보기 퀴즈

빈칸에 들어갈 알맞은 말은 무엇일까요?

아니 땐 □□에 연기 날까

① 굴뚝 ② 화덕 ③ 구멍

준치

준치는 생선 중에서 가장 맛이 좋아서 '참다운 물고기'라는 뜻의 '진어(眞魚)'라고도 해요. 옛날 중국에서는 남경이라는 도시에서만 준치가 잡혔어요. 과거엔 이동 수단이 매우 제한적이었기 때문에 수도인 북경에 준치가 도착하면 대부분 다 썩어 있었지요. 썩은 준치는 북경의 신하들에게 나누어 주었는데, 신하들은 썩은 준치의 맛이 원래 그런 것인줄 알고 그 맛을 극찬했대요. 그래서 '썩어도 준치'라는 말은 값어치가 있는 물건은 아무리 낡고 흠이 있어도 본래의 가치를 지니고 있다는 것을 의미해요.

 **굴뚝**

굴뚝은 연기가 빠져나가는 통로예요. 굴뚝에서 연기가 빠져나가려면 아궁이에 불을 때야 해요. 불을 때지 않았는데 연기가 날 리 없겠지요. 이렇듯 '아니 땐 굴뚝에 연기 날까.'는 어떤 결과에는 반드시 원인이 있다는 뜻이에요.

뜻이 비슷한 속담

- 아니 때린 장구 북소리 날까.
- 뿌리 없는 나무에 잎이 필까.

아래 그림은 무슨 속담을 나타낼까요?

_____

제시된 속담의 빈칸에 들어갈 알맞은 동물을 선으로 이어 보세요.

□□□도 밟으면 꿈틀한다. •   • 까치

까마귀가 □□ 집을 뺏는다. •   • 송충이

□□□는 솔잎을 먹어야 한다. •   • 지렁이

도토리 키 재기

크기가 작고 비슷한 도토리들을 비교하는 것이 의미가 있을까요? 재어 봤자 거기서 거기일 거예요. 이처럼 실력이 고만고만하거나 비슷한 사람끼리 자신이 더 낫다며 다툴 때 '도토리 키 재기'라고 한답니다.

뜻이 비슷한 속담

- 난쟁이끼리 키 자랑하기

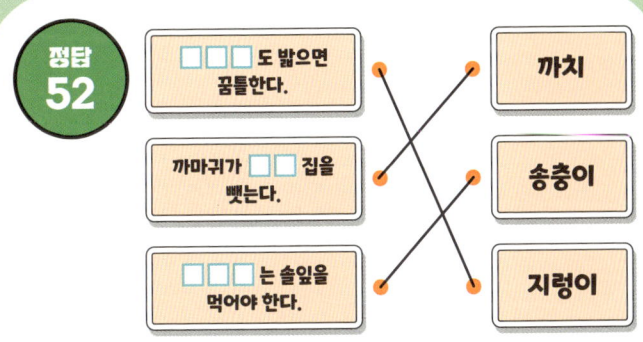

지렁이는 작고 약한 동물이에요. 하지만 지렁이도 건들거나 밟으면 꿈틀대지요. '지렁이도 밟으면 꿈틀댄다.'는 아무리 순하고 약한 사람도 너무 괴롭히면 가만 있지 않는다는 말이에요.

까치와 까마귀는 먹이와 서식지가 비슷해 늘 경쟁 관계에 있어요. 이렇듯 '까마귀가 까치 집을 뺏는다.'는 서로 비슷하게 생긴 것을 핑계 삼아 남의 것을 빼앗을 때 사용하는 속담이에요.

송충이는 나방의 애벌레에요. 송충이는 솔잎만 먹고 살지 다른 잎은 먹지 못해요. '송충이는 솔잎을 먹어야 한다.'는 자기 형편에 맞게 살아야 함을 의미해요.

빈칸에 들어갈 알맞은 말은 무엇일까요?

꼬리가 길면 ☐☐☐

1. 잘린다
2. 밟힌다
3. 물린다

초성 퀴즈

아래의 그림과 초성 힌트를 보고 속담을 완성해 보세요!

구슬이 서 말이라도 꿰어야 ㅂㅂ

힌트
아주 귀하고 소중한 물건을 뜻해요.

  **밟힌다**

꼬리가 긴 동물은 몸을 잘 숨겨도 포식자에게 쉽게 발각되고 말아요. '꼬리가 길면 밟힌다.'는 나쁜 짓을 반복하면 결국 들킬 수 밖에 없으니 잘못된 행동을 하지 말라는 교훈을 담고 있어요.

뜻이 비슷한 속담

- 고삐가 길면 밟힌다.

시험지를 여태 숨기고 있었어!

정답 54 보배

구슬은 흩어져 있으면 아무 쓸모가 없어요. 형형색색의 구슬은 잘 꿰어야 예쁜 목걸이가 되지요. '구슬이 서 말이라도 꿰어야 보배'는 아무리 훌륭하고 좋은 것이라도 잘 다듬어야 비로소 가치가 생긴다는 의미예요. 사람이 가진 재능도 마찬가지예요. 아무리 뛰어나도 꾸준히 노력해야 값진 보배가 되는 거예요.

여기서 잠깐! '구슬이 서 말이라도 꿰어야 보배'에서 '말'은 무슨 의미일까요? 이것은 옛날에 곡식의 양을 재던 단위였어요. '한 말'이 곡식 18리터였으니 '서(3) 말'은 엄청 많은 양이었을 거예요.

뜻이 비슷한 속담

- 부뚜막의 소금도 집어넣어야 짜다.
- 가마 속의 콩도 삶아야 먹는다.

선택 퀴즈

다음 중 말조심과 관련된 속담이 아닌 것을 하나 고르세요.

1. 아는 길도 물어 가랬다

2. 혀 아래 도끼 들었다

3. 호랑이도 제 말 하면 온다

빈칸에 들어갈 알맞은 말은 무엇일까요?

여름 하늘에 ☐☐☐

① 여우비
② 보슬비
③ 소낙비

1. 아는 길도 물어 가랬다

말조심과 관련된 속담이 아닌 것은 '아는 길도 물어 가랬다.'예요. 이 속담은 말 그대로 아는 길도 다시 한번 물어 확인하고 살펴보아야 한다는 의미예요. 쉽거나 익숙한 일도 여러 번 확인해야 실수를 줄일 수 있다는 교훈을 담고 있어요.

뜻이 비슷한 속담

- 돌다리도 두들겨 보고 건너라.

 말조심과 관련된 속담을 살펴볼까요? '혀 아래 도끼 들었다.'는 말을 잘못하면 큰 벌을 받을 수도 있으니 말을 할 때는 항상 조심해야 함을 뜻해요.
 '호랑이도 제 말 하면 온다.'는 산속에 사는 호랑이도 자기 이야기를 하면 찾아온다는 뜻으로, 자리에 없다고 남을 흉보거나 깎아내리면 안 된다는 의미예요.

 **소낙비**

소낙비는 갑자기 세차게 쏟아지다가 금방 그치는 비를 말해요. 흔히 '소나기'라고 하지요. 여름철에는 소나기가 정말 자주 내려요. 그래서 '여름 하늘에 소낙비'는 흔히 있는 일이니 조금도 놀랄 것이 없음을 뜻한답니다.

초성 퀴즈

아래의 그림과 초성 힌트를 보고 속담을 완성해 보세요!

원님 덕에 ㄴㅂ 분다

힌트

쇠붙이로 만든 옛날 관악기예요.

빈칸에 들어갈 알맞은 말은 무엇일까요?

□□□에 콩 볶아 먹겠다

① 모닥불
② 번갯불
③ 연탄불

정답 57

나발

원님이 고을에 행차하면 앞장서서 나발을 불던 사람을 '나발수'라고 해요. 나발수는 당연히 지위가 낮았을 텐데 원님 행차 덕분에 백성들의 인사를 받고, 주목을 받으니 어깨가 한껏 올라갔을 거예요. '원님 덕에 나발 분다.'는 다른 사람 덕분에 자기도 덩달아 호강을 누리거나 다른 사람의 권세를 빌어 위세를 부린다는 의미랍니다.

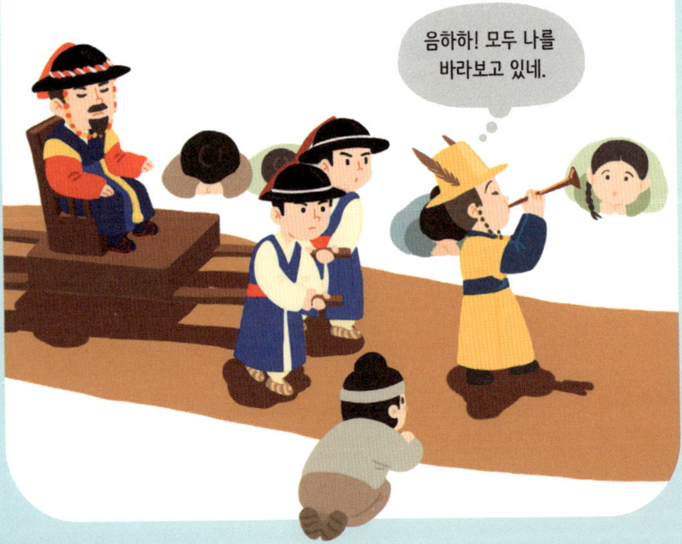

 # 번갯불

번개가 내리치는 속도는 초속 약 10만 킬로미터로 아주 빨라요. 이 번갯불에 콩을 볶는다면 아마 눈 깜짝할 사이에 다 볶아지겠지요? '번갯불에 콩 볶아 먹겠다.'는 행동이 아주 빠르거나 성격이 조급해서 무엇이든지 당장 해치우려는 사람을 두고 하는 말이에요.

동물 속담 퀴즈

빈칸에 들어갈 동물은 무엇일까요?

☐ 똥도 약에 쓰려면 없다

서당 ☐ 삼 년이면 풍월을 읊는다

☐ 같이 벌어서 정승같이 산다

① 개　② 소　③ 말

연상 퀴즈

다음 이모티콘은 어떤 속담을 나타내는 걸까요?

① **모기도 낯짝이 있지**

② **모기도 처서가 지나면 입이 삐뚤어진다**

③ **모기 보고 칼 빼기**

  개

정답은 개예요! '개똥도 약에 쓰려면 없다.'는 어떤 의미일까요? 옛날에는 집집마다 개를 풀어놓고 키워서 길에 개똥이 널려 있었어요. 그런데 이렇게 흔한 개똥도 막상 필요해서 찾으면 쉽게 눈에 띄지 않을 때가 있듯이, 평소 자주 사용하던 것도 필요할 때는 찾기 쉽지 않다는 뜻이에요.

'서당 개 삼 년에 풍월을 읊는다.'는 무슨 일을 하든 한 분야에 오래 있으면 어느 정도 그 일을 잘 할 줄 알게 된다는 뜻이에요.

'개같이 벌어서 정승같이 산다(쓴다).'는 궂은 일 또는 힘든 일 따질 것 없이 악착같이 돈을 벌었으면 보람 있게 쓰라는 의미예요.

  **모기 보고 칼 빼기**

모기처럼 작은 곤충을 잡기 위해 칼을 뽑아 드는 건 지나친 행동이겠지요? 이처럼 대수롭지 않은 일에 엄청나게 큰 소란을 피울 때 '모기 보고 칼 빼기'라고 해요.

위잉-

잡고 말 테다!

보기 퀴즈

빈칸에 들어갈 알맞은 말은 무엇일까요?

□□이 넝쿨째로
굴러떨어졌다

① 당근 ② 호박 ③ 수박

빈칸에 들어갈 동물은 무엇일까요?

☐☐ 발톱에 봉숭아를 들인다

☐☐ 멱 따는 소리

검정개는 ☐☐ 편

① 돼지 ② 토끼 ③ 여우

  **호박**

'호박이 넝쿨째로 굴러떨어졌다.'는 우연히 운 좋은 일이 생기거나 좋은 물건을 얻었다는 의미예요. '넝쿨'이란 길게 뻗어 나가면서 다른 물건을 감거나 땅바닥에 퍼지기도 하는 식물의 줄기를 가리켜요.

사실 호박은 참 귀해요. 열매, 잎, 줄기까지 모두 먹을 수 있거든요. 그리고 비타민도 풍부하지요. 그래서 옛날에는 호박을 얻는 건 큰 행운이나 마찬가지였기 때문에 이러한 속담이 생긴 거예요.

정답 62 ① 돼지

정답은 돼지예요. '돼지 발톱에 봉숭아를 들인다.'라는 말은 제격에 맞지 않게 과한 치장을 했을 때 사용하는 속담이에요.

'돼지 멱 따는 소리'는 아주 듣기 싫은 소리를 꽥꽥 지를 때 핀잔을 주기 위해 사용하는 말이지요.

'검정개는 돼지 편'은 겉모습이나 처지가 서로 비슷하여 끼리끼리 어울릴 때 사용해요.

이처럼 우리에게 친근한 동물인 돼지는 속담에서 안 좋은 이미지의 동물로 나타나는 경우가 많아요. 하지만 돼지는 가축 중에서도 똑똑한 편에 속해요! 돼지의 아이큐는 75~85 정도로 개보다 지능이 좋고 후각이 뛰어나지요. 실제로 고도의 냄새 탐지 작업을 수행하기노 해요.

아래의 그림과 초성 힌트를 보고 속담을 완성해 보세요!

목 마른 놈이 ㅇㅁ 판다

힌트

물을 얻기 위하여 땅을 파서 지하수를 고이게 한 곳이나 그런 시설을 뜻해요.

'구더기 무서워 장 못 담글까.'는 동물이나 사람이 우글우글 많이 모여 있는 모양을 비유하는 말이에요.

우물

정답은 우물이에요. 당장 마실 물이 없다면, 아마 가장 목이 마른 사람이 제일 먼저 우물을 팔 거예요. 이렇듯 '목 마른 놈이 우물 판다.'는 어떤 일이든 제일 급하고 필요한 사람이 그 일을 시작하게 된다는 의미예요.

뜻이 비슷한 속담

- 갑갑한 놈이 송사한다.

> 목이 마르니 우물을 파야겠어…!

불고기, 된장찌개, 김치, 잡채 등 여러분이 좋아하는 음식에는 대부분 된장, 고추장, 간장과 같은 장류가 들어가요. 옛날에는 이러한 장을 독에 담아 보관했어요. 종종 구더기가 생기기도 했지요. 장은 우리 음식에서 없어서는 안 될 중요한 기본 재료인데, 구더기 생기는 것이 싫어서 장을 담지 않으면 안 되겠지요? '구더기 무서워 장 못 담글까.'는 힘들거나 위험 부담이 있어도 할 일은 마땅히 해야 한다는 의미예요.

동물이나 사람이 우글우글 많이 모여 있는 모양을 비유하는 속담은 '오뉴월 상한 고기에 구더기 끓듯'이에요.

보기 퀴즈

빈칸에 들어갈 알맞은 말은 무엇일까요?

**못된 송아지
엉덩이에 ☐ 난다**

① 불 ② 뿔 ③ 혹

아래 그림은 무슨 속담을 나타낼까요?

_____

  뿔

송아지는 원래 머리에 뿔이 나요. 그런데 성질이 못된 송아지가 엉덩이에 뿔까지 난 채로 돌아다닌다면 정말 꼴 보기 싫겠지요? '못된 송아지 엉덩이에 뿔 난다.'는 말도 안 듣고 됨됨이가 바르지 못한 사람은 계속해서 엇나가는 행동만 한다는 말이에요.

뜻이 비슷한 속담

- 못된 벌레 장판방에서 모로 긴다.

달걀로 바위 치기

달걀로 아무리 바위를 쳐도 달걀만 부서질뿐, 바위는 끄떡없어요! 이렇듯 '달걀로 바위 치기'는 최선을 다해 맞서도 절대 상대를 이길 수 없을 때 쓰는 말이에요.

선택 퀴즈

다음 중 생물과 관련된 속담이 아닌 것을 하나 고르세요.

1. 벼룩의 간을 내먹는다

2. 돌다리도 두들겨 보고 건너라

3. 쇠귀에 경 읽기

빈칸에 들어갈 알맞은 말은 무엇일까요?

달도 차면 ☐☐☐

① 떠난다 ② 예쁘다
③ 기운다

2. 돌다리도 두들겨 보고 건너라

돌다리는 생물이 아니에요! '생물'이란 생명을 가지고 스스로 생활을 유지하는 물체를 말해요. 생물에는 동물, 식물, 미생물이 포함되지요. '돌다리도 두들겨 보고 건너라.'는 아무리 튼튼한 돌다리라 해도 꼼꼼하게 확인해 보고 조심하라는 의미예요.

첫 번째 속담부터 살펴볼까요? '벼룩의 간을 내먹는다.'에서 벼룩은 세계 곳곳에 널리 분포하는 작은 곤충이에요. 이 속담은 몹시 가난한 사람을 도와주지는 못할 망정 그 사람이 가진 것까지 빼앗으려고 할 때 사용해요.

'쇠귀에 경 읽기'에서 '경'이란 불교의 경전을 말해요. 아무리 열심히 소에게 불경을 읽어 주어도 소가 전혀 알아듣지 못하는 것처럼, 열심히 가르쳐도 관심 없는 사람은 그 뜻을 절대 알아듣지 못한다는 말이지요.

 **기운다**

왜 달도 차면 기운다고 할까요? 여기서 '차다'는 발로 차거나 온도가 낮다는 의미가 아니에요! 부족한 부분이 채워질 때 쓰이는 '차다'예요. 달은 똑같은 모습으로 밤하늘에 떠 있는 것처럼 보이지만, 사실 시간에 따라 조금씩 변해요. 초승달이 점점 차올라 보름달이 되는 걸 '달이 차오른다.'라고 표현해요. 그리고 보름달이 점점 손톱만 한 작은 그믐달이 되는 것을 '달이 기운다.'라고 하지요. 그래서 '달도 차면 기운다.'라는 말은 세상 모든 것이 한번 번성하면 다시 쇠하듯, 잘될 때가 있으면 안될 때도 있다는 뜻이에요.

아래의 그림과 초성 힌트를 보고 속담을 완성해 보세요!

간에 붙었다
ㅆㄱ에 붙었다 한다

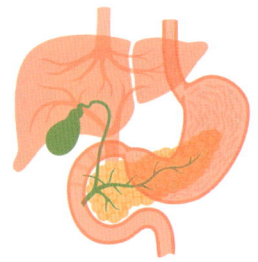

힌트
우리 몸의 소화를 돕는 중요한 기관이에요.

아래 그림은 무슨 속담을 나타낼까요?

_____

정답 69 쓸개

정답은 쓸개예요. 간과 쓸개는 우리 몸에서 중요한 기능을 해요. 특히 쓸개는 간 아래에 붙어 있는 기관으로 소화를 도와줘요. 그런데 몸속에 기생충이 생기면 기생충은 영양분을 빨아 먹기 위해 간에 붙었다 쓸개에 붙었다 해요. 이처럼 자신의 이익을 위해 이쪽저쪽 약삭빠르게 옮겨 다니는 사람들이 있어요. 이런 사람들을 비꼬아 '간에 붙었다 쓸개에 붙었다 한다.'라고 한답니다.

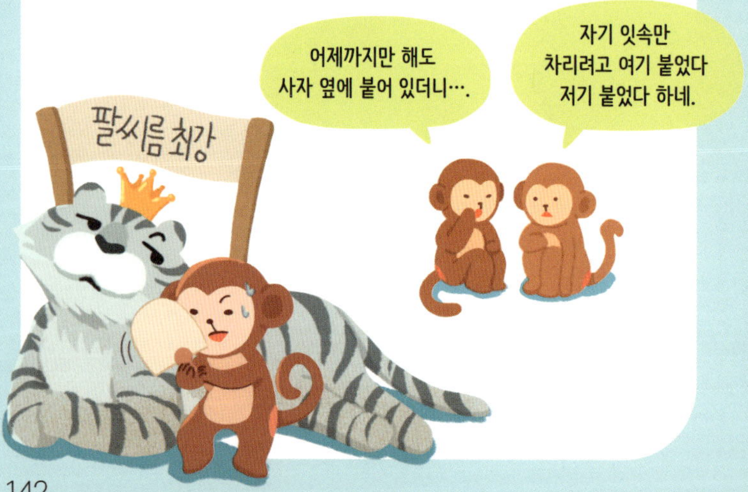

> 어제까지만 해도 사자 옆에 붙어 있더니….

> 자기 잇속만 차리려고 여기 붙었다 저기 붙었다 하네.

불난 집에 부채질한다

불이 났는데 부채질을 하면 더 잘 타겠지요? '불난 집에 부채질한다.'는 힘든 사람을 도와주기는커녕 더 힘들게 하고 화나게 한다는 뜻이에요.

뜻이 비슷한 속담

- 불난 데 풀무질한다.

문제 71 · 선택 퀴즈

다음 중 우리나라 명절과 관련된 속담이 아닌 것을 하나 고르세요.

1. 더도 말고 덜도 말고 늘 가윗날만 같아라

2. 꿩 대신 닭

3. 가는 날이 장날

빈칸에 들어갈 알맞은 말은 무엇일까요?

갈수록 □□이라

① 남산　② 변산　③ 태산

정답 71

3. 가는 날이 장날

'가는 날이 장날'은 명절과 관련된 속담이 아니에요. 이 속담은 어떤 일을 하려고 하는데 우연히 뜻하지 않은 일이 일어날 때 사용해요. 예를 들어, 유명한 맛집을 큰맘 먹고 갔는데 하필이면 그날이 1년에 한 번 쉰다는 휴일인 거예요! 이런 상황에 '가는 날이 장날'이라고 말해요.

우리나라 명절과 관련된 속담을 알아볼까요? '더도 말고 덜도 말고 늘 가윗날만 같아라.'는 추석을 대표하는 속담 중 하나예요. 추석은 잘 익은 과일과 오곡이 풍성해 1년 중 가장 풍요로운 시기이므로 늘 이날만 같았으면 좋겠다는 바람이 담긴 말이지요.

'꿩 대신 닭'은 설날에 먹는 떡국과 관련된 속담이에요. 옛날 설날에는 귀한 꿩고기로 육수를 우렸어요. 하지만 평범한 집에서는 꿩고기 대신 비슷한 맛을 내는 닭고기로 육수를 우렸어요. 여기서 '꿩 대신 닭'이라는 말이 생긴 거예요.

③ 태산

속담에 나오는 '태산'은 중국어로 '타이산'이라고 하며, 높이는 해발 1,535미터로 높은 산이에요. 태산은 우리나라의 지리산 또는 네팔과 중국의 티베트 국경에 솟아 있는 에베레스트산보다 낮지만 규모가 어마어마하게 큰 산이지요. 그래서 산을 넘기가 정말 힘들다고 해요.

'갈수록 태산이라.'는 어떤 일을 해 나감에 있어 일이 점점 더 어려워질 때 사용해요.

뜻이 비슷한 속담

- 산 넘어 산이다.

동물 속담 퀴즈

제시된 속담의 빈칸에 들어갈 알맞은 동물을 선으로 이어 보세요.

☐☐가 이사하면 비가 온다.	거미
☐☐가 제 방귀에 놀란다.	개미
☐☐도 줄을 쳐야 벌레를 잡는다.	토끼

'열 번 찍어 안 넘어가는 나무 없다.'는 해낼 수 없는 일은 처음부터 아예 욕심을 내지 않는 게 좋다는 뜻이에요.

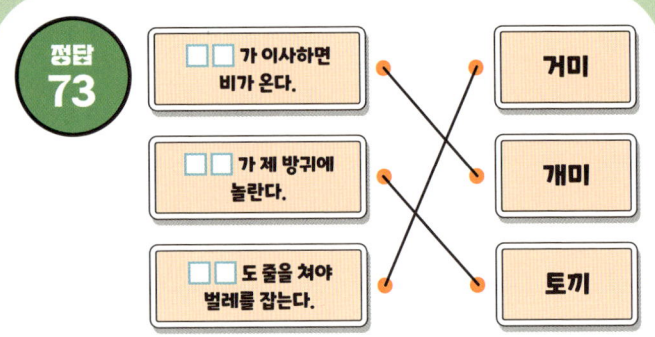

'개미가 이사하면 비가 온다.'는 사실일까요? 개미는 습기를 감지하는 능력이 아주 뛰어나요. 기압이 내려가면 비가 올 것을 예감하고 더 안전한 곳으로 대규모 이동을 하지요. 여기서 '개미가 이사하면 비가 온다.'라는 속담이 생긴 거예요!

'토끼가 제 방귀에 놀란다.'는 남몰래 저지른 일이 걱정되어 스스로 겁을 먹고 아무 것도 아닌 일에도 화들짝 놀람을 비유하는 말이에요.

'거미도 줄을 쳐야 벌레를 잡는다.'는 무슨 일을 하든지 그 일을 철저히 준비해야 좋은 성과를 얻을 수 있음을 의미하는 속담이에요.

 **✗**

'열 번 찍어 안 넘어가는 나무 없다.'는 아무리 커다란 나무도 여러 번 도끼질을 하면 넘어가듯이, 불가능해 보이는 일도 여러 번 시도하면 결국 이루어진다는 뜻이에요.

'해낼 수 없는 일은 처음부터 아예 욕심을 내지 않는 게 좋다.'는 뜻을 가진 속담은 '오르지 못할 나무는 쳐다보지도 마라.'예요.

일곱, 여덟, 아홉….

다음 이모티콘은 어떤 속담을 나타내는 걸까요?

① 낮말은 새가 듣고 밤말은 쥐가 듣는다
② 꿈보다 해몽이 좋다
③ 일찍 일어나는 새가 벌레를 잡는다

아래의 그림과 초성 힌트를 보고 속담을 완성해 보세요!

같은 값이면 ㄷㅎㅊㅁ

힌트
짙고 산뜻한 붉은빛 치마예요.

③ 일찍 일어나는 새가 벌레를 잡는다

정답은 '일찍 일어나는 새가 벌레를 잡는다.'예요. 이 속담은 부지런한 사람이 먼저 기회와 이익을 얻는다는 뜻이지요. 여러분도 내일부터 한 시간 일찍 일어나서 운동이나 독서를 해 보면 어떨까요? 일찍 일어나서 무언가를 하면 뿌듯함을 느끼고, 하루를 더 알차게 보낼 수 있는 힘을 얻을 수 있어요!

다홍치마

'다홍치마'는 짙은 붉은빛이 도는 치마예요. 조선 시대에는 다홍치마를 왕족만 입을 수 있었어요. 일반 여성은 일생에서 딱 한 번, 혼인하는 날에만 다홍치마를 입을 수 있었지요. 그래서 값이 같은 여러 치마 중에 하나를 고른다면, 이왕이면 귀하고 빛깔도 고운 다홍치마를 산다는 말이 생긴 거예요.

'같은 값이면 다홍치마'는 이왕 같은 조건이면 자신에게 이득이 되거나 품질 좋은 것을 고른다는 뜻이랍니다.

빈칸에 들어갈 알맞은 말은 무엇일까요?

메뚜기도 ☐☐이 한철이다

① 유월 ② 칠월 ③ 팔월

다음 중 친구와 관련된 속담이 아닌 것을 하나 고르세요.

1. 길동무가 좋으면 먼 길도 가깝다

2. 새도 가지를 가려서 앉는다

3. 사공이 많으면 배가 산으로 간다

  **유월**

6월이 되면 들판에는 꽃과 풀들이 가득 피어나고, 싱그러운 여름 기운이 가득해요. 또한 메뚜기도 여름철이 되면 논과 들판에 가득 퍼져서 제 세상을 만난 듯 번성하지요. '메뚜기도 유월이 한철이다.'는 누구나 한창 활동할 수 있는 시기는 잠깐이므로 이때를 헛되이 보내지 말아야 한다는 의미예요. 때로는 자기 세상을 만난 것처럼 날뛰는 사람을 빗대어 표현하기도 한답니다.

뜻이 비슷한 속담

- 뻐꾸기도 유월이 한철이라.

3. 사공이 많으면 배가 산으로 간다

'사공이 많으면 배가 산으로 간다.'는 친구와 관련된 속담이 아니에요! 여기에서 '사공'은 배를 젓는 사람을 말해요. 사공이 올바른 방향으로 배를 저어야 목적지까지 잘 갈 수 있겠지요. 그런데 여러 명의 사공이 의견을 모으지 않고 자기 주장대로만 배를 몰면 어떻게 될까요? 결국 엉뚱한 곳에 도착하고 말 거예요. 따라서 이 속담은 여러 사람이 각자 다른 주장을 해서 일이 제대로 되지 않을 때 사용하는 말이랍니다.

친구와 관련된 속담을 알아볼까요? '길동무가 좋으면 먼 길도 가깝다.'는 마음이 통하는 친구와 함께하면 힘도 덜 들고 성과도 더 좋음을 의미해요.

'새도 가지를 가려서 앉는다.'는 친구를 사귈 때는 신중하게 사귀라는 뜻이에요.

보기 퀴즈

빈칸에 들어갈 알맞은 말은 무엇일까요?

백지장도 □□□ 낫다

① 겹치면　② 맞들면
③ 자르면

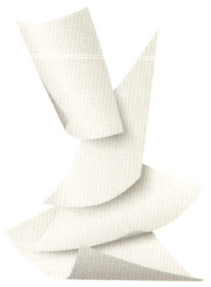

아래 그림은 무슨 속담을 나타낼까요?

  **맞들면**

'백지장'은 하얀 종이를 말해요. 종이는 가벼워서 혼자서도 들 수 있지만, 여러 명이 힘을 합치면 더 쉽게 들 수 있지요. '백지장도 맞들면 낫다.'는 아주 작은 일도 서로 도와 함께하면 더 빠르고 쉽게 할 수 있다는 뜻이에요.

뜻이 비슷한 속담

- 동냥자루도 마주 벌려야 들어간다.
- 열의 한 술 밥이 한 그릇 푼푼하다.

정답 80 땅 짚고 헤엄치기

아무리 수영을 못하는 사람이라도 땅을 짚고 헤엄치는 것은 쉽게 할 수 있어요. 이 속담은 정말 하기 쉬운 일을 뜻한답니다.

뜻이 비슷한 속담

- **누워서 떡 먹기**

OX 퀴즈

'개구리 올챙이 적 생각 못 한다.'는 성공하고 나니 예전에 고생하던 시절을 잊어버리고 마치 처음부터 잘났던 것처럼 우쭐대는 사람을 비유하는 말이에요.

O X

아래의 그림과 초성 힌트를 보고 속담을 완성해 보세요!

모로 가도 ㅅㅇ만 가면 된다

힌트

대한민국의 수도예요.

정답 81 ㅇ

개구리가 되기 전 유생 상태를 '올챙이'라고 하지요. 개구리와 올챙이는 생김새도 다르고 사는 곳과 먹이도 완전히 달라요. 그래서 그런지 개구리는 자신이 올챙이였던 때를 생각하지 못하나 봐요. 이렇게 개구리처럼 자신이 못나고 어렵던 시절을 기억하지 못하고 처음부터 잘났던 것처럼 뽐낼 때 '개구리 올챙이 적 생각 못 한다.'라고 해요.

뜻이 비슷한 속담

- 며느리 늙어 시어미 된다.

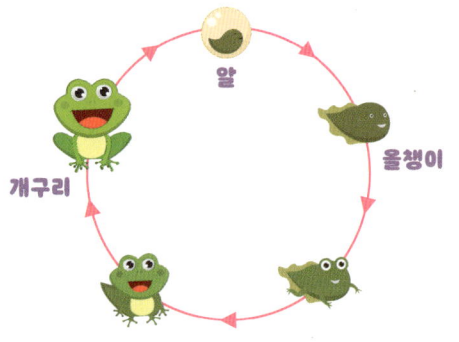

서울

'모로 가도 서울만 가면 된다.'에서 '모로'는 비껴서 또는 대각선으로의 뜻으로 정당한 방법으로 가지 않는 것을 의미해요. 그래서 이 속담은 수단이나 방법을 가리지 않고 목적만 이루면 된다는 뜻이에요.

뜻이 비슷한 속담

- 모로 가나 기어가나 서울 남대문만 가면 그만이다.

다음 중 바다에 사는 생물과 관련된 속담이 아닌 것을 하나 고르세요.

1. 자반뒤집기

2. 버마재비가 수레를 버티는 셈

3. 독 속의 게

보기 퀴즈

빈칸에 들어갈 알맞은 말은 무엇일까요?

다 된 밥에 □ 뿌리기

① 물　② 깨　③ 재

2. 버마재비가 수레를 버티는 셈

정답은 '버마재비가 수레를 버티는 셈'이에요. '버마재비'는 사마귀를 뜻해요. 이 속담은 사마귀가 길 한가운데 서서 몸을 세우고 수레와 맞서려고 하는 모습을 나타낸 말이에요. 자기 분수도 모르고 상대에게 무모하게 덤비는 것을 뜻하지요.

'자반뒤집기'는 소금에 절인 자반 고등어를 앞뒤로 뒤집으며 굽는 모양을 빗대어 나타낸 말이에요. 씨름 경기에서 몸을 뒤로 젖히면서 상대를 뒤로 넘기는 기술도 '자반뒤집기'라고 한답니다!

독 속에 게를 풀어놓으면 서로 밖으로 기어나오기 위해 발버둥칠 거예요. 그러나 올라가는 게를 밑에 있는 게가 계속 물고 당겨 떨어뜨리기 때문에 결국 한 마리도 나오지 못하지요. 공생하는 것이 아닌 서로 헐뜯고 파괴하는 경쟁을 할 때 '독 속의 게'라고 표현해요.

  재

'다 된 밥에 재 뿌리기'는 말 그대로 갓 지은 밥에 재를 뿌려서 먹지 못하게 한다는 말이에요. 일이 잘 진행되는 와중에 갑작스럽게 훼방을 놓아 그동안의 일을 다 망쳐 놓는다는 뜻이지요.

뜻이 비슷한 속담

- 다 된 죽에 코 풀기

> 힝...
> 다 된 밥이었는데!

연상 퀴즈

아래 그림은 무슨 속담을 나타낼까요?

_____

'두부 먹다 이 빠진다.'는 꼭 있어야 할 것이 없으면 안 될 것 같지만, 없는 대로도 그럭저럭 살아갈 수 있음을 의미해요.

정답 85 까마귀 날자 배 떨어진다

까마귀가 하늘로 날아오르는 순간, 배나무에서 배가 떨어졌어요! 농부는 그걸 보자마자 소리쳤지요. 사실 그저 우연히 벌어진 일일 뿐, 아무 관계 없는데 까마귀만 의심을 받게 된 경우이지요. 이 속담은 아무 상관없는 일이 동시에 일어나 억울한 의심을 받는 상황에 사용해요.

뜻이 비슷한 고사성어

- 오비이락(烏飛梨落)

정답 86 ✗

부드러운 식감의 두부를 먹는데 왜 이가 빠진다는 걸까요? '두부 먹다 이 빠진다.'는 두부처럼 부드러운 음식을 먹다가도 자칫 방심하면 생각지도 못한 일이 발생할 수도 있으니 항상 주의를 기울이라는 뜻이에요.

'꼭 있어야 할 것이 없으면 안 될 것 같지만 없는 대로 그럭저럭 살아갈 수 있음'을 뜻하는 속담은 '이가 없으면 잇몸으로 산다.'예요. 힘든 상황에서도 나에게 남아 있는 것으로 충분히 살 수 있다는 의미지요.

보기 퀴즈

빈칸에 들어갈 알맞은 말은 무엇일까요?

타고난 □□ 사람마다 하나씩은 있다

① 성격 ② 재주 ③ 운명

동물 속담 퀴즈

제시된 속담의 빈칸에 들어갈 알맞은 동물을 선으로 이어 보세요.

☐☐는 작아도 강남 간다.	제비
뛰어야 ☐☐	다람쥐
☐☐☐ 쳇바퀴 돌듯	벼룩

  **재주**

'재주'란 무엇을 잘할 수 있는 타고난 능력을 말해요. 사람은 누구나 한 가지씩 재주를 가지고 태어나요. 그래서 '타고난 재주 사람마다 하나씩은 있다.'는 말은 자신이 지닌 타고난 재주로 먹고 살아갈 수 있다는 뜻이랍니다.

이 속담과 뜻이 비슷한 속담이 있어요! 바로 '굼벵이도 구르는 재주가 있다.'예요. 아무리 능력이 없는 사람이라도 특별한 재주가 하나는 있다는 말이지요. 여러분이 지닌 재주는 무엇인가요? 생각해 보세요!

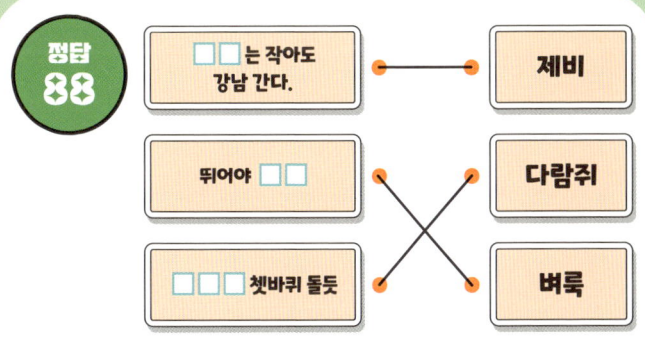

제비는 참새목에 속하는 봄, 여름 철새예요. 제비는 겨울이 오기 전에 동남아시아나 호주 등(남쪽의 먼 곳)으로 이동해요. 그리고 봄에 우리나라를 다시 찾아오지요. 이러한 제비의 특성으로 인해 '제비는 작아도 강남 간다.'라는 속담이 생긴 거예요.

벼룩은 자기 키의 200배가 넘는 높이를 뛸 수 있어요! 하지만 너무 작기 때문에 뛰어 봤자 멀리 가지 못하지요. '뛰어야 벼룩'은 아무리 힘을 쓰고 도망쳐도 처한 상황에 벗어날 수 없다는 뜻이에요.

다람쥐가 아무리 열심히 쳇바퀴를 돌아도 그 자리에 그대로 있는 것처럼, '다람쥐 쳇바퀴 돌듯'은 앞으로 나아가지 못하고 같은 일만 반복한다는 의미예요.

보기 퀴즈

빈칸에 들어갈 알맞은 말은 무엇일까요?

**될성부른 나무는
□□부터 알아본다**

① 줄기　② 뿌리　③ 떡잎

다음 이모티콘은 어떤 속담을 나타내는 걸까요?

① 길은 갈 탓이요 말은 할 탓이라
② 발 없는 말이 천리 간다
③ 가는 말에 채찍질

  **떡잎**

'될성부른 나무는 떡잎부터 알아본다.'에서 '될성부른'이란 앞으로 잘될 가능성이 있다는 뜻이에요. 이 속담은 잘 자랄 나무인지 아닌지는 제일 먼저 나오는 떡잎을 보고 알 수 있듯이, 앞으로 크게 될 사람은 어려서부터 남다르다는 의미랍니다.

 **발 없는 말이 천리 간다**

사실 '발 없는 말이 천리 간다.'에서 '말'은 동물 말이 아닌 사람들끼리 주고받는 이야기를 뜻해요. 그리고 '천 리'는 아주 먼 거리를 의미하지요. 이 속담은 입에서 내뱉은 말은 아주 멀리까지 순식간에 퍼지므로 언제나 말을 할 때는 신중히 하고 조심해야 함을 의미해요.

뜻이 비슷한 속담

- 소더러 한 말은 안 나도 처더러 한 말은 난다.

아래의 그림과 초성 힌트를 보고 속담을 완성해 보세요!

빛 좋은 ㄱㅅㄱ

힌트
개살구나무의 열매로 살구보다 맛이 시고 떫어요.

보기 퀴즈

빈칸에 들어갈 알맞은 말은 무엇일까요?

쌓인 눈을 밟아서 ☐☐☐ 소리가 크면 날씨가 추워진다

① 뽀드득
② 바스락
③ 오도독

개살구

살구는 장미과에 속하는 수목인 살구나무의 열매예요. '개살구'는 겉보기에는 살구랑 똑같이 생겨서 먹음직스러워 보이지만 살구보다 맛이 시고 떫어요. 여기서 살구 앞에 붙은 '개'는 질이 떨어지거나 비슷하지만 다르다는 의미예요.

'빛 좋은 개살구'는 겉모양은 그럴듯하지만 속은 별 볼 일 없을 때 사용하는 속담이에요.

뜻이 비슷한 속담

- 속 빈 강정
- 명주 자루에 개똥

빛 좋은 개살구라더니, 저렇게 크면서 자기보다 작은 모기를 무서워하네.

저리 가!

  **뽀드득**

한겨울에 내린 눈을 밟을 때 '뽀드득' 소리를 들어 보았나요? 특히 밟았을 때 뽀드득 소리가 잘 나는 눈이 있어요. 바로 '가루눈'이에요. 가루눈은 바람이 세게 불고 추운 날에 내리는데 습기가 거의 없어 잘 뭉쳐지지 않아요. 그래서 발로 밟으면 눈의 결정이 부딪쳐 소리가 나는 특징이 있지요! 이렇듯 '쌓인 눈을 밟아서 뽀드득 소리가 크면 날씨가 추워진다.'는 말은 눈을 밟을 때 소리가 크면 날씨가 춥다는 뜻이랍니다.

빈칸에 들어갈 동물은 무엇일까요?

☐☐☐도 집이 있다

☐☐☐가 바다를 건너다니

지나가는 ☐☐☐도 밟아야 꿈틀한다

1. 메뚜기
2. 사마귀
3. 달팽이

연상 퀴즈

아래 그림은 무슨 속담을 나타낼까요?

지갑이 도대체 어디 있는 거야….

정답 93  ③ 달팽이

정답은 달팽이예요! '달팽이도 집이 있다.'는 작디작은 달팽이조차도 집이 있는데 하물며 사람이 어찌 집이 없겠냐는 말이에요.

달팽이가 바다를 건널 수 있을까요? 휴 로프팅의 소설 《돌리틀 선생의 항해기》에는 바닷속을 누비는 거대한 유리바다달팽이가 등장해요. 하지만 현실에서 달팽이가 바다를 건넌다는 것은 불가능하지요! '달팽이가 바다를 건너다니'는 도저히 불가능한 일이라서 말할 것도 없을 때 사용하는 속담이에요.

'지나가는 달팽이도 밟아야 꿈틀한다.'는 아무리 순하고 좋은 사람이라도 누군가 건들이면 가만있지 않는다는 말이에요. 이 속담과 뜻이 비슷한 속담으로는 '지렁이도 밟으면 꿈틀한다.', '굼벵이도 밟으면 꿈틀한다.'가 있어요!

등잔 밑이 어둡다

'등잔'은 기름을 담아 등불을 켜는 데 사용하는 그릇을 말해요. 그리고 등잔에 켠 불을 '등잔불'이라고 하지요. 옛날에는 전기가 없었기 때문에 깜깜한 밤이면 등잔불을 켜서 방을 밝혔어요. 등잔 그릇 아래로 빛이 가로막히면 그림자가 생기는데, 이 그림자 속에 물건이 있으면 잘 보이지 않겠지요? 이렇듯 사람이나 물건 등 어떤 대상에 가까이에 있음에도 알아보지 못하는 경우에 '등잔 밑이 어둡다.'라고 해요.

뜻이 비슷한 속담

- 업은 아이 삼년 찾는다.

빈칸에 들어갈 알맞은 말은 무엇일까요?

달면 삼키고 쓰면 ☐☐☐

① 버린다
② 뱉는다
③ 토한다

 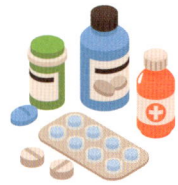

선택 퀴즈

다음 중 '작은 힘이라도 끈기 있게 계속하면 성공한다.'를 뜻하는 속담이 아닌 것을 하나 고르세요.

1. 낙숫물이 댓돌을 뚫는다

2. 작은 도끼도 연달아 치면 큰 나무를 눕힌다

3. 가지 많은 나무에 바람 잘 날이 없다

달콤한 사탕은 누구나 좋아해요. 하지만 쓴 맛이 나는 약은 목으로 넘기기도 어렵지요. '달면 삼키고 쓰면 뱉는다.'라는 말은 단것은 좋아하고 쓴 것은 싫어하는 것처럼 자기에게 도움이 되면 가까이하고, 도움이 되지 않으면 멀리한다는 의미예요.

고사성어로는 '감탄고토(甘呑苦吐)'라고 하지요!

뜻이 비슷한 속담

- 맛이 좋으면 넘기고 쓰면 뱉는다.
- 추우면 다가들고 더우면 물러선다.

3. 가지 많은 나무에 바람 잘 날이 없다

바람이 부는 날이면 나무의 가지들이 이리저리 흔들리는 것을 본 적 있을 거예요. 특히 가지가 많고 잎이 무성한 나무는 바람에 쉴 새 없이 휘청거리며 잎사귀 소리를 내지요. 이 속담은 자식을 많이 둔 부모는 걱정 마를 틈이 없다는 것을 뜻해요.

'낙숫물이 댓돌을 뚫는다.', '작은 도끼도 연달아 치면 큰 나무를 눕힌다.'는 작은 힘이라도 무언가를 꾸준히 계속하면 성공할 수 있음을 비유적으로 이르는 말이에요. 이 속담들과 뜻이 비슷한 속담으로는 '돌도 십 년을 보고 있으면 구멍이 뚫린다.', '티끌 모아 태산'이 있어요.

아래의 그림과 초성 힌트를 보고 속담을 완성해 보세요!

목구멍이 ㅍㄷㅊ 이다

힌트

조선 시대 때 범죄자를 잡거나 다스리는 일을 맡았던 관청이에요.

보기 퀴즈

빈칸에 들어갈 알맞은 말은 무엇일까요?

못 먹는 감 ☐☐☐ 본다

① 만져나

② 터뜨려

③ 찔러나

포도청

포도청은 한자로 '捕(잡을 포), 盜(도둑 도), 廳(관청 청)'이에요. '도둑을 잡는 관청'이라는 뜻이지요. 그리고 포도청의 대장을 '포도대장'이라고 불렀어요. 오늘날 범인을 잡아들이는 경찰서와 비슷하지요! '목구멍이 포도청'이라는 말은 사람이 막다른 지경에 놓이면 행동하는 데 있어서 수단과 방법을 가리지 않게 됨을 뜻해요. 즉 먹고 살기 위하여 해서는 안 될 못된 짓까지 하게 된다는 의미예요.

 **찔러나**

감을 먹고 싶은데 내가 먹을 수 없다면 화가 나겠지요? '못 먹는 감 찔러나 본다.'는 내가 먹지 못할 바에는 남도 먹지 못하게 감을 찔러 놓는다는 것을 의미해요. 자신이 갖지 못하면 다른 사람도 갖지 못하게 일부러 훼방을 놓는 고약하고 못된 마음을 이르는 말이지요.

뜻이 비슷한 속담

- 못 먹는 밥에 재 집어 넣기

'미꾸라지 한 마리가 온 웅덩이를 흐린다.'는 사람이 지나치게 결백하면 남이 따르지 않는다는 것을 의미해요.

빈칸에 들어갈 알맞은 말은 무엇일까요?

하늘을 보아야 □을 따지

① 별　② 달　③ 꽃

 X

작게 움푹 파여 물이 고여 있는 곳을 '웅덩이'라고 해요. 미꾸라지는 독특하게 바닥에서 온몸을 좌우로 흔들면서 헤엄을 쳐요. 그래서 미꾸라지 한 마리가 흙탕물을 일으키면 웅덩이 전체가 흐려지지요. '미꾸라지 한 마리가 온 웅덩이를 흐린다.'는 한 사람의 잘못된 행동이 전체에 피해를 끼칠 때 사용하는 속담이에요.

'사람이 지나치게 결백하면 남이 따르지 않는다.'를 의미하는 속담은 '물이 너무 맑으면 고기가 아니 모인다.'예요.

  **별**

별은 스스로 타면서 빛을 내는 천체예요. 밤하늘에서 너무나 아름답게 빛을 내지요. 하늘의 별을 따려면 제일 먼저 무엇을 해야 할까요? 우선 하늘을 올려다보고 별이 어디에 있는지부터 알아야겠지요. 즉 '하늘을 보아야 별을 따지.'라는 말은 무슨 일을 이루려면 그에 맞는 준비를 하고 노력해야 함을 의미해요. 여러분은 어떤 꿈을 꾸고 있나요? 그 꿈을 이루기 위해 어떤 노력을 해야 할지 고민해 보세요!

뜻이 비슷한 속담

- **잠을 자야 꿈을 꾸지.**

몇 문제나 맞혔나요?!

100문제나 풀다니 정말 멋진걸요? 몇 문제 맞혔는지 개수를 세어 보세요. 적게 맞혔어도 괜찮아요! 가장 기억에 남는 속담은 무엇인가요? 속담의 뜻을 알고 적절하게 활용하다 보면 어휘력이 쑥쑥 자랄 거예요! 그럼 다음 퀴즈에서 또 만나요!

맞힌 개수를 적어 보세요!

개

노력했군요! 퀴즈를 열심히 풀어 주어서 고마워요. 문제를 풀면서 속담의 뜻을 알아 가는 재미가 쏠쏠하지 않았나요? 잘 몰랐던 속담은 따로 적어 두어 복습해 보세요!

잘했어요! 속담 문제 좀 풀어 봤군요! 어떤 속담이 제일 재밌었나요? 가족, 친구에게 속담 지식을 뽐내도 되겠어요.

71~100개

우와! 굉장해요! 여러분이 바로 '속담 박사'예요! 집 또는 학교에 있을 때 다양한 상황에서 그에 맞는 속담을 활용해 보세요! 사고력과 표현력이 더욱 자라날 거예요!

알차다 알차! ★★★
교과서에 나오는 필수 속담

- **가는 말이 고와야 오는 말이 곱다** 내가 먼저 남에게 잘해야 남도 나에게 잘한다는 뜻이에요. `뜻이 비슷한 속담` 가는 정이 있어야 오는 정이 있다, 가는 떡이 커야 오는 떡도 크다

- **고래 싸움에 새우 등 터진다** 강한 사람끼리 싸우는 틈에 아무 상관없는 약한 사람이 괜한 피해를 본다는 뜻이에요.

- **꽃이 고와야 나비가 모인다** 상품이 좋아야 손님이 많이 찾아온다는 뜻이에요.

- **내 코가 석 자** 내 사정이 급해서 남을 돌볼 여유가 없다는 뜻이에요.

- **눈 가리고 아웅** 매우 얕은 속셈으로 남을 속이려 할 때 하는 말이에요.

- **독 안에 든 쥐** 아무리 벗어나려고 애를 써도 꼼짝할 수 없는 상황에 놓였다는 뜻이에요. `뜻이 비슷한 속담` 그물에 걸린 고기 신세

- **두 손뼉이 맞아야 소리가 난다** 서로의 뜻이 맞아야 무슨 일이든 이루어진다는 뜻이에요. `뜻이 비슷한 속담` 도둑질을 해도 손발이 맞아야 한다

- **말 한마디에 천 냥 빚도 갚는다** 말을 조리 있게 잘하면 어려운 일이나 불가능해 보이는 일도 슬기롭게 해결할 수 있다는 뜻이에요. `뜻이 비슷한 속담` 천 냥 빚도 말로 갚는다

- **무쇠도 갈면 바늘 된다** 꾸준히 노력하면 안 될 것 같던 일도 이루어진다는 뜻이에요. `뜻이 비슷한 속담` 열 번 찍어 안 넘어가는 나무 없다

- **방귀 뀐 놈이 성낸다** 자기가 잘못했으면서 오히려 남에게 성낸다는 뜻이에요.

- **뱁새가 황새를 따라가면 다리가 찢어진다** 자기 능력에 맞지 않은 일을

억지로 하려고 나서면 도리어 해가 된다는 뜻이에요.

- **서당 개 삼 년에 풍월을 읊는다** 어떤 분야에 대해 아는 것이 아무것도 없는 사람이라도 한 분야에 오래 있으면 자연스레 지식과 경험이 쌓인다는 뜻이에요.

- **쇠뿔도 단김에 빼랬다** 어떤 일을 하려고 다짐했으면 망설이지 말고 바로 행동으로 옮기라는 뜻이에요.

- **싼 것이 비지떡** 값이 싼 물건은 그만큼 질이 나쁘다는 말이에요.
  <뜻이 비슷한 속담> 빛 좋은 개살구

- **아닌 밤중에 홍두깨** 예상치 못한 일을 당해 당황스러운 상황이 생겼을 때 사용하는 말이에요.

- **우물 안 개구리** 세상 넓은 줄을 알지 못하고 자신만 잘난 줄 아는 사람을 비유하는 말이에요. <뜻이 비슷한 속담> 바늘구멍으로 하늘 보기

- **쥐구멍에도 볕 들 날 있다** 아무리 어렵고 고생이 심해도 언젠가 좋은 시기를 만날 때가 있다는 뜻이에요.

- **지성이면 감천** 정성이 지극하면 하늘마저 감동하여 도와준다는 뜻이에요.
  <뜻이 비슷한 속담> 공든 탑이 무너지랴

- **친구는 옛 친구가 좋고 옷은 새 옷이 좋다** 오래 사귄 친구일수록 깊고 두터운 정을 나눌 수 있어 좋다는 뜻이에요.

- **콩밭에 가서 두부 찾는다** 몹시 성급하게 행동함을 비유하는 말이에요.

- **피는 물보다 진하다** 혈육의 정이 깊음을 이르는 말이에요.

- **하나를 듣고 열을 안다** 한마디 말로도 여러 가지를 미루어 알아낼 만큼 총명하다는 뜻이에요.

- **하늘이 무너져도 솟아날 구멍이 있다** 힘겨운 상황이라도 헤쳐 나갈 길이 있다는 뜻이에요. <뜻이 비슷한 속담> 사람이 죽으란 법은 없다

그림 은옥

어린이 친구들을 위한 유익한 이야기를 쓰고, 유쾌한 그림을 그리고 있습니다.
지은 책으로는 《초등학생을 위한 교과서 속담 사전》이 있습니다.

풀수록 똑똑해지는

1판 1쇄 펴낸 날 2023년 12월 20일

지은이 신기한 생각 연구소
그림 은옥
주간 안채원
책임편집 장서진
편집 윤대호, 채선희, 윤성하
디자인 김수인, 이예은
마케팅 함정윤, 김희진

펴낸이 박윤태
펴낸곳 보누스
등록 2001년 8월 17일 제313-2002-179호
주소 서울시 마포구 동교로12안길 31 보누스 4층
전화 02-333-3114 **팩스** 02-3143-3254 **이메일** viking@bonusbook.co.kr
블로그 http://blog.naver.com/vikingbook **인스타그램** @viking_kidbooks

ISBN 978-89-6494-674-9 72030

바이킹은 보누스출판사의 어린이책 브랜드입니다.

• 책값은 뒤표지에 있습니다.